AF451801

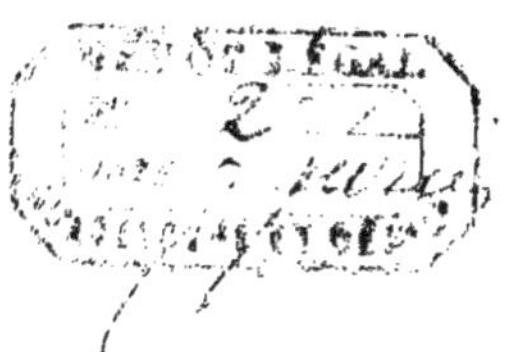

A Monsieur Ch. FRÉBAULT,

GÉNÉRAL D'ARTILLERIE,

Ex-Gouverneur de la Guadeloupe.

GÉNÉRAL,

Daignez agréer l'hommage du modeste travail d'un de vos anciens administrés, qui se plaît à garder le souvenir de votre bienveillance.

Cet écho d'un pays où votre nom est impérissable, et qui vous rend l'amour que vous ne cessez de lui porter, sera, j'ose l'espérer, agréable à votre cœur, et peut-être vous fournira-t-il une nouvelle occasion d'être utile à notre agriculture et à notre commerce, dans la crise contre laquelle ils luttent avec le courage et la persévérance qui les distinguent, ainsi que vous avez pu l'apprécier dans votre trop court passage parmi nous : peut-être votre influence obtiendra-t-elle du gouvernement de l'Empereur l'adoption des mesures de salut que j'indique et sollicite dans ma brochure.

Je suis avec respect,

General,

Votre humble et dévoué serviteur,

S. HAURIGOT.

Pointe-à-Pitre (Guadeloupe), le 2 janvier 1868.

LA VÉRITÉ

SUR LA

BANQUE DE LA GUADELOUPE.

Je ne me dissimule point que j'entreprends une tâche difficile, que j'aborde une question brûlante: car les deux établissements de crédit des Antilles ont leurs partisans exclusifs, qui ne permettent pas qu'on ose toucher à leurs dames, ni même les regarder en face, comme ils ont leurs détracteurs implacables, qui en ont fait leurs bêtes noires, et dont les attaques se renouvellent avec une sorte de périodicité, semblables à ces fléaux qui désolent les pays situés sous les tropiques : la fièvre jaune, les ouragans, et ces sécheresses persistantes qui tarissent la source des revenus publics.

Aux yeux des premiers, parce que je ne serais pas toujours dans une sorte d'admiration béate, mes rares critiques, malgré leur bienveillance, paraîtront amères ; aux yeux des seconds, mes appréciations froides et impartiales se transformeront en éloges exagérés.

Mais celui qui écrit l'histoire, — aussi bien celle de l'humble Banque d'une petite colonie, que celle du peuple glorieux d'un grand empire, — ne doit se laisser distraire par quoi que ce soit du seul but vraiment noble de l'historien : LA VÉRITÉ !

Voilà pourquoi j'ai placé ce mot sacré au frontispice de cet opuscule.

I.

Les Banques coloniales sont essentiellement, et avant tout, des banques agricoles.

C'est là un point capital, aussi clairement qu'énergiquement établi, par les discussions qui ont eu lieu dans les diverses assemblées de la métropole, à l'époque de leur fondation.

Afin que cette appréciation ne puisse être l'objet d'aucun doute, d'aucune controverse, je vais emprunter à l'exposé des motifs de la loi du 11 juillet 1850 quelques passages propres à convaincre les plus incrédules, passages que n'ont jamais bien connus, ou qu'ont oubliés, ceux qui dénigrent systématiquement les opérations de notre Banque.

« Il ne faut pas perdre de vue, est-il dit, que c'est le capital du Planteur, et non celui du commerce, qui doit servir à former le capital des Banques coloniales. Escompter la signature du commerçant, et ne pas escompter celle du Planteur, ou n'escompter cette dernière qu'en la forçant de recourir à l'adjonction onéreuse de la première, ce serait créer une situation qui manquerait d'équité : ce serait aller contre l'esprit de la loi, qui, en posant le principe de la fondation des banques coloniales, a entendu surtout venir en aide au Planteur, dont les conditions de production se trouvent profondément troublées depuis l'abolition de l'esclavage. Ce qu'on a voulu, en un mot, c'est mettre le producteur colon à même de faire face aux dépenses tout à fait nouvelles que le travail libre entraîne pour son exploitation. »

Et ailleurs :

« Il s'agit du moyen de réaliser le prêt à faire aux Planteurs sur la garantie de leurs récoltes. Cette opération, *il ne faut pas hésiter à le dire, est, en quelque sorte,* TOUTE LA BANQUE COLONIALE. »

Voici maintenant dans quels termes, presque identiques, s'exprimait M. Horace Say, conseiller d'État, dans son rapport sur ce projet de loi et sur les statuts qui en sont le corollaire : « On ne peut perdre de vue, dit-il, l'origine du capital attribué aux Banques coloniales. L'indemnité représente la valeur des noirs qui, attachés aux plantations, travaillaient comme cultivateurs, et le fonds des Banques est en réalité fourni par l'agriculture coloniale ; c'est en même temps le travail agricole qu'elles ont surtout pour but de relever. »

Voilà des textes formels, précis, accessibles à toutes les intelligences, et qui ne permettent aucune équivoque.

Je ne saurais cependant ni ignorer, ni méconnaître, que depuis longtemps les actions de la Banque ont changé de mains.

Mais que de réflexions ne pourrais-je pas faire à ce sujet, si elles n'étaient inutiles au but que je me propose ? Qu'il me soit cependant permis d'en soumettre quelques-unes à mes lecteurs.

Les malheureux Planteurs ne jouirent point, pour la plupart, de l'indemnité votée en leur faveur ; elle fut toute saisie ou à peu près, et, s'il leur en resta une fraction, ce fut celle affectée à la création de nos établissements de crédit connue sous le nom de *titres de Banque.*

Nul n'ignore que, dans le trouble et la détresse qui suivirent l'émancipation, il y eut beaucoup de titres principaux, représentant une valeur de 465 francs de capital, vendus pour moins de 100 francs ; que les actions de la Banque se donnèrent d'abord en sus, pour rien, puis perdirent 75 0/0, et que, jusqu'au moment de la mise en activité des Banques, le cours ne se s'éleva pas au-dessus de 50 0/0 du chiffre nominal. L'agio sur ces titres fut l'origine de plusieurs fortunes coloniales ; c'est ce que j'ai tenu à rappeler.

Quoi qu'il en soit, d'ailleurs, rien ne saurait altérer l'origine et le but de l'institution de nos Banques ; et si les porteurs actuels des actions ont pris le lieu et place des titulaires primitifs pour le côté longtemps lucratif qu'elles ont offert, ils l'ont pris également pour le côté désavantageux, et ils ne sauraient pas plus s'y soustraire que les acquéreurs d'un domaine ne sauraient éluder les redevances et servitudes imposées à leurs prédécesseurs.

L'honorable rapporteur de la commission du Corps Législatif sur le projet de loi, M. Chegaray, fit une sortie, il est vrai, contre le caractère particulier de l'indemnité coloniale ; mais c'était en vue de maintenir le droit du gouvernement à distraire une portion de cette indemnité pour la création de tel établissement qu'il jugerait utile ; c'était pour s'opposer aux prêts sur récoltes pendantes, non pas qu'il ne les trouvât légitimes, mais parce qu'il les croyait aléatoires, à cause des droits hypothécaires grevant les propriétés et primant tous autres droits, malgré l'interprétation que l'on voulait donner à l'article 2102, n° 2, du code civil.

La lutte fut vive et longue entre lui et le Ministre de la marine d'alors, M. l'amiral Romain Desfossés, et la difficulté paraissait presque insoluble, lorsque M. le comte de Chasseloup Laubat arriva au ministère, et proposa de substituer dans les contrats des prêts le mot *cession* au mot *garantie*, ce qui fit voter la loi, dans sa lettre et son esprit, à peu près telle que le gouvernement l'avait présentée.

Ce fut le premier et remarquable service de M. de Chasseloup Laubat aux colonies.

D'après ce qui précède, la Banque de la Guadeloupe, à qui l'on reproche, avec autant de violence que d'acrimonie, ses préférences pour cette portion de notre commerce, dont les destinées sont si liées à celles de la campagne que si celle-ci succombait il serait totalement ruiné, notre Banque a-t-elle méconnu la pensée du législateur, et mérite-t-elle d'être vouée aux dieux infernaux ; ou bien l'a-t-elle saisie et suivie avec autant d'intelligence que de fidélité, et mérite-t-elle de justes éloges? C'est ce qu'il convient d'examiner froidement.

Toutes les branches du commerce colonial sont certainement respectables; n'en est-il pas, cependant, qui sont plus réellement utiles au pays? N'en est-il pas d'autres qui ont su combiner leurs achats et leurs ventes pour opérer toujours un bénéfice certain, et fort beau, en se tenant en dehors de l'agriculture comme en dehors d'une léproserie, en ne lui vendant que par l'entremise et sous la garantie d'un commissionnaire responsable?

Et si cela est vrai, — nul ne le contestera! — y a-t-il rien de surprenant à ce que la Banque, établissement agricole, — je l'ai surabondamment prouvé, — n'ait pas fait de ces branches si exclusives l'objet constant de ses préoccupations, ne se soit pas toujours tenue à leur dévotion, et qu'elle ait eu, au contraire, un penchant prononcé pour les négociants qui s'épuisent pour la campagne?

Pour quiconque n'a pas l'esprit aveuglé par un étroit égoïsme, par un intérêt personnel exagéré ; pour quiconque refuse de croire que le bien de tous doive être sacrifié à la rapide fortune de quelques-uns, poser ces questions c'est les résoudre.

Après avoir démontré que notre Banque, conformément à sa mission principale, a dû favoriser la campagne, je ferai voir par le tableau de ses prêts annuels quelle a été l'importance de ses faveurs, et ce tableau servira de terme de comparaison à celui des escomptes du commerce, que je reproduirai également en son lieu.

II.

Mise en activité en mars 1853, la Banque n'eut rien à prêter à la campagne durant la récolte de cette année; mais du 30 juin 1853 au 30 juin 1854 ses prêts commencèrent, et ils suivirent une progression ascendante.

Dans l'exer.	1853-54	le total des prêts fut de fr.		616,932	29
»	1854-55	»	»	861,651	89
»	1855-56	»	»	1,133,992	46
»	1856-57	»	»	1,562,759	71
»	1857-58	»	»	2,092.781	37
»	1858-59	»	»	2,577,569	06
»	1859-60	»	»	3.583,882	20
»	1860-61	»	»	3,981,827	34
»	1861-62	»	»	4,791.150	00
»	1862-63	»	»	5,151,415	15
»	1863-64	»	»	4,734,600	43

Total des prêts, en onze exercices, fr.   34,088,561 90

C'est donc près de trois millions par an que la Banque a prêté à la campagne sur récoltes pendantes.

De plus les Planteurs qui, par leur caractère et leur position, inspiraient de la confiance, — c'est-à-dire le grand nombre, — voyaient admis à l'escompte les billets qu'ils souscrivaient pour achats directs de bœufs, de mulets, d'engrais, ou de tout autre objet de grande exploitation.

Point digne de remarque, et qui fait autant d'honneur à la probité de notre population agricole en général qu'à la perspicacité de la Banque, — sur ses billets pour récoltes, comme sur ses billets à ordre, la campagne n'a fait perdre à la Banque que des sommes relativement très-minimes. Antérieurement à 1862, tout se résumait par fr 10,564 09 soit un millier de francs par an, en moyenne

Dans l'exercice de 1862-63, les valeurs en souffrance de la campagne ont atteint. . . 50,104 66 et dans celui de 1863 64. . . . . . 64,470 14 Enfin, dans le sinistre semestre qui vient de s'écouler. 74,000 00

Total des effets en souffrance avec la
    campagne. . . . . . . fr 199,138 89

La proportion, qui n'était que de mille francs par an dans la première période décennale, s'est donc sensiblement élevée; et cependant 200,000 francs de pertes sur douze exercices, eu égard à la masse des affaires réalisées, c'est réellement fort peu considérable.

A la Guadeloupe, tout le monde croira sans peine à l'exactitude de cet historique. Mais, au loin, on peut s'imaginer, on s'imagine, généralement, que la dette de la campagne ne se liquide jamais effectivement: que c'est une dette flottante, perpétuée par des renouvellements.

Or, rien n'est si faux; car, au 30 juin de chaque année, si la Banque s'arrêtait tout à coup, elle serait complètement dégagée avec la campagne, ses prêts ne recommençant qu'au mois d'Août suivant.

Expliquer le mécanisme de nos prêts, et la marche constante suivie par notre Banque, pouvant avoir son utilité au dehors, je vais y consacrer quelques lignes.

Dès 1855, remarquant le développement de ses opérations avec l'agriculture, l'honorable M. Daney eut la pensée de s'adresser aux hommes les plus compétents et les plus impartiaux de chaque commune, et à tous les maires, pour en obtenir des notes précises sur l'importance et la sécurité que présentait chaque exploitation sucrière, et il fut si consciencieusement renseigné, qu'il n'a jamais eu besoin de recourir à aucune expertise pour contrôler les déclarations des Planteurs, qui, sachant qu'on ne leur prête qu'un tiers de la valeur approximative des récoltes, sont naturellement portés à exagérer leurs estimations de cannes: les notes primi-

lives ont toujours été une pierre de touche suffisante
pour baser les prêts de la Banque avec certitude: il n'y
a eu qu'à se tenir au courant des mutations survenues
dans les propriétés.

Quant aux échéances, échelonnées avec intelligence
aux 1er avril, 1er mai, 1er juin, c'est-à-dire au fort de
la récolte, elles ont été payées avec une exactitude scru-
puleuse, à d'infiniment rares exceptions près. Et si, pour
des cas fortuits et majeurs, il y a eu quelques renouvellements, il est à la connaissance personnelle de l'auteur
que des Planteurs ont mieux aimé vendre leur argen-
terie et payer à jour fixe, que de demander un délai
qui ne leur eut pas été refusé.

Sagesse de la part de la Banque; point d'honneur de
la part des Planteurs, telle a été une des causes principa-
les de la sécurité des remboursements des prêts sur récoltes pendantes.

Il convient cependant d'ajouter qu'au désir honorable
de s'acquitter pouvait se mêler une crainte salutaire: celle
de se fermer, par une inexactitude, la caisse de la Banque; caisse presque unique dans la colonie; car depuis
son établisssment nos rares escompteurs particuliers ont
émigré, et les ressources des commissionnaires se sont
épuisées à payer les frais de l'immigration, à aider au
renouvellement de l'outillage de fabrication.

Il convient encore de faire ressortir que la Banque,
même après avoir élevé à 8 0|0 le taux de l'intérêt des
effets de place, afin de faire face aux dépenses onéreu-
ses du crédit que lui a ouvert le Comptoir d'escompte,
a maintenu à 6 0|0 le taux des prêts à l'agriculture,
et dans ces derniers temps, des causes exceptionnelles,
qui ont heureusement disparu, ayant fait porter le taux
du commerce à 10 0|0, celui de la campagne a été porté
à 8 0|0 seulement.

Or, dans notre colonie, il n'y a pas d'autre prêteur que
la Banque à 6, 8 et 10 0|0. Le taux honnête, courant,
pour les rares capitaux qui se placent sur hypothèque
en dehors du Crédit foncier, c'est 12 0|0, plus les accessoi-
res, et les prêts du Crédit foncier sont hérissés de tant
de difficultés qu'ils seront bientôt un mythe à la Gua-

deloupe; ils le sont déjà quant aux propriétés des villes
et bourgs.

En résumé donc :

*L'agriculture de la Guadeloupe doit à sa Banque une
éternelle reconnaissance.*

III.

J'ai la profonde conviction que pas un contradicteur
ne s'élèvera sur tout ce qui précède.

Mais on me répondra que c'est surtout le commerce
qui se plaint de la Banque, et que ses griefs ont la plus
haute gravité.

Voici ce que j'ai lu, ou entendu, depuis une semaine
que je suis de retour à la Pointe-à-Pitre :

1° La Banque n'escompte que les effets des maisons
de ses administrateurs ou de ceux qui ont mérité leurs
bonnes grâces ;

2° Les mandats de la Banque sur la France sont in-
suffisants, et leur petite quantité, comme les escomptes,
est réservée à ses administrateurs et à leurs protégés
et féaux amis ;

3° La prime de ces mandats, 7 0|0, est beaucoup trop
élevée.

4° L'intérêt des effets de place, 10 0|0, est trop élevé
aussi ;

5° La Banque de la Martinique rembourse ses billets,
et fournit ses traites à 1 0|0;

Celle de la Guadeloupe n'a eu que la préoccupation de
grossir ses dividendes, au point de tout sacrifier à cette
idée fixe.

Examinons d'abord le premier grief.

Les membres du conseil d'administration de la Banque, tant ceux qui ont quitté la colonie que ceux pré-
sentement en fonctions, ont été élus par l'unanimité des
actionnaires ; ils sont des hommes distingués parmi les
plus recommandables de la cité; ils sont généralement
aussi aimés qu'estimés de toute la population ; ils sont
à la tête des premières maisons de la place, et ils se
rendraient coupables d'un aussi injuste accaparement ?
Ils auraient oublié à ce point que position oblige, que la

femme de César ne doit pas même être soupçonnée, et, sans délicatesse, sans pudeur, ils feraient d'une institution publique une sorte de maison d'agio, un comptoir de camaraderie?

Mais l'indignation publique se serait soulevée! Au lieu de les aimer et de les estimer, on les éviterait comme des malfaiteurs !

Or ils sont si loin d'être en butte à cette sorte d'ostracisme de l'opinion qu'une réélection non interrompue les récompense de leur dévouement désintéressé : pas un des membres de la Banque n'a jamais voulu recevoir un jeton de présence, bien que l'article 55 des statuts leur en alloue. Or, chacun en conviendra, cette renonciation à un droit, que nul ne néglige en Europe, est un foudroyant indice de la cupidité de nos administrateurs !

Donc la première accusation de quelques mécontents est tellement en contradiction avec les faits et avec la conduite du vrai public, que ce serait là, au besoin, une preuve suffisante de son inanité, j'allais dire de son iniquité.

Si des administrateurs nous passons au Directeur, dont nul encore, que je sache, ne s'est avisé de suspecter la probité loyale, est-il permis de supposer qu'abdiquant tout à coup son honnêteté, il s'est fait, de propos délibéré, le complice de manœuvres que reprouverait la conscience la moins sévère?

Que lui, qu'on accuse d'être généralement despote, aurait abdiqué sa dignité, sa volonté, et ne serait devenu servile que pour faire une action deshonorante?

Qu'on ose dire que ces suppositions sont soutenables.

Enfin, au-dessus de tous les membres de la Banque, il y a le Directeur de l'Intérieur, le Gouverneur, le Ministre !

Et tous ces hauts fonctionnaire, puissamment armés par la loi pour contrôler tous les actes de la Banque, seraient à ce point ineptes ou négligents qu'ils n'auraient rien vu, ou faibles, qu'ils auraient tout toléré?

Voici ce qu'on lit dans le décret d'autorisation des Banques coloniales, titre III, articles 15 et 16, sur les mesures administratives :

« La surveillance locale des Banques coloniales est placée sous l'autorité du Gouverneur, dans les attributions du Directeur de l'Intérieur;

« Les administrations des Banques coloniales sont tenues d'adresser au Directeur de la colonie dans les 8 jours de leur date :

— Les procès-verbaux des délibérations de l'assemblée générale des actionnaires, et tous les documents mis sous les yeux de cette assemblée ;

— Le budget des dépenses, les règlements du régime intérieur, *les actes de toute nature faits par le conseil administratif*, en vertu de l'article 41 des statuts (1).

— Elles adresseront tous les mois au même chef d'administration :

— Une balance des comptes du grand livre, appuyée d'états de développements ;

— Un état de situation et de caisse ;

— Une liste nominative des souscripteurs des billets admis à l'escompte, de leurs bénéficiaires et présentateurs ;

— Une copie du régistre des délibérations du conseil de la Banque.

Tous ces documents doivent être en double expédition, et certifiés par les censeurs.

L'un des doubles sera transmis au ministère de la marine et des colonies, avec les observations du Directeur de l'Intérieur et du Gouverneur. »

Je pourrais multiplier les citations; mais je pense que celles qui précèdent sont assez claires, assez explicites, pour tout lecteur de bonne foi.

Je me contenterai d'ajouter que le Gouverneur est représenté dans l'administration de la Banque par le Trésorier particulier et par le Sous-Commissaire de la marine; enfin que le Contrôleur colonial, qui correspond directement avec le ministère, a un droit absolu d'investigation dans toutes les affaires publiques.

---

(1) Cet article, entre autres droits, donne au Conseil celui de faire choix des effets ou engagements qui peuvent être admis a l'escompte, sans avoir besoin de motiver son refus ; c'est une affaire de conscience, comme le *oui* ou le *non* des assesseurs de cœur d'assises.

Est-il permis de croire, d'ailleurs, que les listes des billets admis à l'escompte, s'ils eussent porté toujours les mêmes noms, n'auraient pas frappé l'attention d'un seul des Directeurs de l'intérieur ou des Gouverneurs qui se sont succédé ? Qu'ils n'auraient pas eu une assez grande connaissance de notre population commerciale pour deviner cette sorte d'exclusivisme constituant un accaparement de la Banque par une coterie?

Si porté que l'on soit dans nos pays à présupposer le mal, j'aime à croire qu'il est des noms assez respectés, parmi ceux qui furent à la tête de notre administration, pour que nul ne leur fasse l'injure d'une supposition d'incurie qui serait plus qu'une faute.

Ces arguments, j'ose l'espérer, paraîtront logiques; mais comme ce ne sont que des arguments, je vais recourir aux chiffres, qui ont encore plus d'éloquence.

IV.

Voici donc le pendant des prêts consentis à l'agriculture :

Exercice de 1853	(4 mois de Mars à Juin)	fr.		897,997 07
»	1853-54	(12 mois)	»	5,495,541 96
»	1854-55	»	»	9,246,115 56
»	1855-56	»	»	12,040,421 74
»	1856-57	»	»	12.950,228 22
»	1857-58	»	»	14,617,193 63
»	1858-59	»	»	17,832,169 03
»	1859-60	»	»	14,739,496 93
»	1860-61	»	»	18,993.371 38
»	1861-62	»	»	21,911,922 47
»	1862-63	»	»	22,827,309 25
»	1863-64	»	»	25,408,146 09

Total des effets de place escomptés fr. 176.979,912 73.

Soit une moyenne de 16 millions environ par an.

Une preuve qui vient s'ajouter à ce qu'a d'imposant, de concluant, sur l'impartialité de notre Banque, ce chiffre de 177 millions d'effets escomptés, qui ne peut avoir été fourni que par l'ensemble du commerce, c'est que la Banque a eu des billets impayés par tous ceux qui, depuis douze années, ont été réduits à la douloureuse nécessité d'arrêter ou de suspendre leurs affaires, et que si elle est restée vierge de tout protêt jusqu'en ces derniers temps, c'est que les endosseurs s'empressaient de rembourser pour n'être pas mis en question.

Malheureusement, depuis dix-huit mois, la gêne a toujours été croissant, et le commerce n'a pu suivre ses excellentes traditions : les déconfitures se sont précipitées avec un enchaînement fatal, et les effets en souffrance ont dépassé le chiffre d'un million.

Si la Banque avait été si exclusive qu'on le prétend, serait-elle compromise avec tant de monde et pour une si forte somme?

Je ferai cependant une concession : la clairvoyance de notre Banque est universellement reconnue; mais clairvoyance ne signifie pas infaillibilité.

Il a donc pu arriver, j'admets qu'il est arrivé, que des billets très solvables, excellents même, aient été refusés, par suite de suppositions erronnées du comité d'escompte.

Mais ce comité, on l'a vu, ne doit pas compte de son opinion; il agit d'après le cri de son for intérieur, comme fait la Banque de France, type de sagesse, et qui pourtant exclut des masses de signatures ; comme fait toute banque publique ou privée ; comme le font eux-mêmes ceux qui blâment la Banque, car ils n'ouvrent leurs coffres, ils ne livrent leurs marchandises, que quand ils jugent bon de le faire : Il n'y a ni banque ni maison particulière possible sans son libre arbitre.

Et pourquoi la Banque de la Guadeloupe serait-elle seule exclue du bénéfice du libre arbitre?

Comment, surtout, admettre qu'elle ait érigé en système le refus des bons billets, qu'*elle ait proscrit la solvabilité,* pour courir après des signatures douteuses et notoirement mauvaises, comme un grand journal de Paris, mal informé alors, a pu le laisser répéter dans ses colonnes à plusieurs reprises?

En présence de l'accusation la plus infâme, l'infortunée Marie-Antoinette poussa ce cri sublime : « J'en appelle à toutes les mères ! »

En présence de l'accusation la plus absurde, j'en appelle à tous les banquiers, à tous les hommes de finance du monde entier.

Passons au second grief, qui a beaucoup d'analogie avec le premier.

Il se divise en:

— Préférence presque exclusive envers les administrateurs de la Banque et leurs adeptes pour la délivrance des mandats sur Paris,

— Insuffisance de ces mandats.

L'argumentation qui m'a servi à réfuter le reproche de partialité pour les escomptes s'applique naturellement à celui qui concerne la partialité pour les mandats.

Je n'insisterai pas là dessus ; car, que mes raisonnements aient été trouvés bons ou mauvais, il est inutile de les reproduire, même avec accompagnement de variantes; mais les lecteurs qui n'ont pas de parti pris sur la Banque ont déjà jugé qu'elle n'est pas, qu'elle ne peut pas être plus coupable sur un point que sur l'autre

Il ne me reste donc qu'à étudier d'où peut provenir l'insuffisance des mandats.

Les primes constituent pour une banque un profit préférable à tous autres, parce qu'elles n'exposent à aucun risque. Est-il admissible, dès lors, qu'une Banque ne fasse pas tous les efforts imaginables pour fournir le plus de mandats possible? Qu'elle ne fut pas infiniment heureuse de délivrer des traites à bureau ouvert?

Si donc notre Banque a réduit ses tirages c'est autant contre sa volonté que contre son intérêt ; c'est parce que le pays reçoit des marchandises, et autres objets divers d'importation, pour une somme plus forte que les marchandises et objets divers d'exportation ; c'est que, dans la balance de commerce de fin d'année, le *doit* est de notre côté, l'*avoir* du côté de la métropole.

Pourquoi la Banque ne se procure-t-elle pas des moyens de remise au dehors ?

Parce que ses statuts lui interdisent formellement toute spéculation.

La Banque ne peut donc livrer au public que le montant des remises qu'elle reçoit des chargeurs de denrées coloniales, et, ces remises étant insuffisantes, les traites de la Banque le sont *ipso facto*, sans qu'elle puisse être accusée d'un état de choses qui n'est pas de son fait.

J'ai prononcé le mot de *balance de commerce*... Là

est la grande question, là est la solution de toutes les autres.

Mes premières idées sur cette matière, je me plais à rendre ici cet hommage, ont été éveillées par le remarquable livre dû à la plume grave d'un colon dont la Guadeloupe est justement fière, M. le comte A. de Chazelles, et mon opinion, d'abord formée sur ce livre, s'est corroborée tous les ans par le tableau que publient les deux directions des douanes de nos Antilles.

Est-il donc impossible d'obtenir que la balance de commerce, — mais large, solide, permanente, — puisse être en faveur des colonies au lieu d'être en leur défaveur ?

Je pense, justement, que cela est très-possible.

Par quel moyen miraculeux ?

Par un moyen presque aussi simple que celui dont usa Christophe Colomb pour faire tenir un œuf debout:

EN RAFFINANT TOUT NOTRE SUCRE BRUT !

En d'autres termes, en augmentant la valeur réelle de nos produits de toute la différence qui existe entre la matière brute et la matière ouvrée, entre une grossière balle de coton et une splendide balle d'indienne, entre un diamant informe et un diamant ciselé.

Sans doute si la colonie était couverte d'usines perfectionnées, si l'élan vers elles n'était enrayé par un désastre inouï dans nos annales, le sucre turbiné blanc, — à cause des puissants moyens d'extraction des jus, des moyens parfaits de cuisson dont on dispose dans ces usines, et qui évitent toute perte, — remplacerait avec avantage le sucre raffiné, quant à la somme totale des revenus.

Malheureusement on ne peut baser des calculs sérieux sur ce qui *devrait être*, mais sur ce qui peut être et ce qui est.

Or, un fait brutal, c'est que la majeure partie de notre sucre est encore de basse nuance ; c'est qu'un dixième se perd dans les cales des navires ; c'est, enfin, qu'il est plus facile de créer une puissante raffinerie, que vingt ou trente grandes usines.

Le problème est donc celui-ci :

Sauver le dixième de nos récoltes, qui se perd par le

suintage des mélasses, et réduire nos pâtes et poudres grises, jaunes, rouges, noires, qui se vendent à bas prix, en beaux pains de sucre blanc, qui donneront invariablement un résultat avantageux.

Ainsi se trouvera changée la balance de commerce des colonies ; ainsi sera améliorée la situation précaire des Planteurs ; car tous, *tous sans exception*, doivent participer directement aux bénéfices de la raffinerie, sans altérer leurs relations commerciales, s'ils ne le veulent ; sans aucune mise de fonds ; sans aucun risque a courir : par le simple jeu d'une combinaison que j'ai indiquée dans une brochure récemment publiée à St-Pierre, et dont notre presse locale n'a pu encore parler.

Qui pourrait s'opposer à la création d'une raffinerie à la Pointe-à-Pitre ?

Les commissionnaires ? Mais ils conserveront les mêmes relations avec leurs commettants en les améliorant.

La marine ? Mais au lieu d'avoir du sucre sale, elle aura du sucre blanc comme la neige, et sa quantité sera sensiblement augmentée comme élément de fret.

Le commerce des ports de mer ? Mais les consignations qui ont lieu en sucre brut pourraient, sans inconvénient, avoir lieu en sucre blanc.

Il n'y aurait donc pour s'y opposer que les éternels ennemis des colonies, ceux qui, avant le gouvernement de Napoléon III, n'avaient cessé, sous tous les prétextes, de nous faire condamner aux sucres inférieurs à perpétuité, — les raffineurs, puisqu'il faut les appeler par leur nom, — oui, eux seuls pourraient trouver mauvais que les colons ne voulussent plus servir bêtement à les enrichir.

La loi actuelle nous permet de raffiner nos sucres ; sachons en profiter, sans craindre pour nos entreprises des revirements qui remettraient tout en question ; nous jouirons de la liberté industrielle jusqu'à ce que la France redevienne barbare.

Un obstacle relatif, c'est notre défaut de capitaux. Je dis relatif, parce qu'il n'est nullement impossible de le surmonter ; il suffirait pour cela que des hommes qui font autorité dans le pays, et dont le nom est honorablement connu en France, voulussent prendre ce projet à cœur, et les capitaux métropolitains afflueraient sans aucun doute.

D'ailleurs, je l'ai prouvé dans ma brochure précitée, deux millions suffiraient pour débuter, et ce n'est pas la une somme énorme, même dans un pays comme le nôtre: nous en dépensons bien quatre pour notre budjet annuel.

Au surplus, tout a l'heure j'indiquerai comment il me paraît que le gouvernement métropolitain pourrait favoriser, faciliter, une entreprise destinée à produire d'incalculables résultats économiques et financiers.

En attendant, et pour résumer le débat en deux lignes: *La Banque n'est pas plus coupable de n'avoir pas suffisamment de traites à fournir, que les demandeurs ne sont coupables de n'en pas avoir eux-mêmes.*

Plut à Dieu que la combinaison qui absorbe le plus net des revenus de la Banque n'eût pas été imaginée pour fournir, momentanément, quelques millions de plus de remises! C'est une opération qui ne peut se prolonger, et dussent les traites remonter a un taux élevé, il faut chercher à y mettre fin le plus tôt possible.

Mais plus loin je chercherai, en outre du raffinage de nos sucres, les moyens de faire redescendre à 1 p. 0⟨0 le taux des traites : non pas des moyens temporaires, factices, ruineux ; mais des moyens permanents, réels, féconds, pour la plus grande prospérité du pays.

Cependant, de même que pour prouver que la généralité des Planteurs a participé aux prêts sur récoltes, que la généralité des négociants a participé aux escomptes, je me suis appuyé sur des chiffres officiels, ainsi ferai-je pour prouver que l'importance des tirages implique, par sa mise en relief, que tous ceux qui avaient à faire des remises ont dû y participer, non pas sans doute selon leurs désirs, mais selon une équitable répartition, opérée par le conseil d'administration sur la liste générale des demandes de traites.

C'est depuis que le Comptoir a ouvert un crédit à la Banque, soit depuis quatre ans, que l'on a élevé le plus de plaintes, comme si cette *chère* source était intarissable!

Je me contenterai donc de transcrire le relevé des mandats émis pendant cette dernière période :

Exercice de 1860-61	fr.	8,028,039 25
» 1861-62	»	11,482,788 22
» 1862-63	»	10,669,553 63
» 1863-64	»	8,795,758 93
Total des émissions en quatre ans fr.		38,976,140 08
ou une moyenne annuelle de	»	9,744,035 02

Les revenus de la colonie, pour les marchandises exportées, étant, année commune, de 12 millions, c'est donc près des *cinq sixièmes* de la somme totale qui sont passés par les mains de la Banque, pour revenir au public bonifiés par sa signature, qui égale en valeur celle de n'importe quel établissement, puisque c'est sur le Comptoir d'Escompte et la Banque de France qu'elle fait traite, et seulement après s'y être fait provision préalable. Le dernier sixième est absorbé directement par les chargeurs ; mais n'est-il pas évident que les cinq sixièmes dont dispose la Banque ont été répartis a tous ?

Quelques maisons auraient-elles pu les accaparer ?

Pour oser l'affirmer, il faudrait prouver, non pas que ces maisons font beaucoup d'affaires, mais qu'elles font toutes les affaires, — ou qu'il n'y a dans la Banque que des complices et des agioteurs, ce qui est une monstruosité révoltante pour qui connaît les hommes honorables qui forment son conseil.

La Banque, je l'ai déjà dit, n'eut pas mieux demandé que de doubler ses tirages, car tout aurait été profit pour elle ; mais il ne peut dépendre d'elle de grossir le chiffre des revenus publics ; et, vu le déficit de la récolte de 1864, elle n'aurait pu atteindre près de 9 millions de francs, sans la compensation opérée avec le Comptoir d'Escompte, pour les sommes comptées sur les lieux aux emprunteurs du Crédit Foncier, soit fr. 1,435,885 02 c. Mais avec les 50 pas du Roi, l'absence d'une compagnie d'assurances en fonctions, et autres difficultés, il est à craindre que cette source momentanée de remises ne diminue jusqu'à ne plus pouvoir figurer en ligne de compte.

VI.

Passons aux 3me et 4me griefs :

— La haute prime des traites.

— Le taux élevé de l'escompte.

Il est admis que l'on répond à tout en invoquant la grande loi de l'offre et de la demande. Mais cette loi, vraie en tout dans les pays continentaux, vraie même dans nos petits pays insulaires sur bien des points, me paraît y être une chimère en fait de change.

La loi de l'offre et de la demande est-elle applicable là où n'existe aucune concurrence? Et la Banque n'est-elle pas notre seul établissement de crédit, sans capitaux particuliers pour entrer en lice avec elle, dans les escomptes, et ses opérations avec la campagne n'ont-elles pas, peu à peu, centralisé en ses mains presque tous les moyens de remise ?

N'en résulte-t-il pas qu'elle pourrait porter le taux de son escompte de 10 à 12 0⏐0, comme elle l'a porté de 6 à 8, de 8 à 10; ou élever la prime à 10 0⏐0. comme elle l'a élevée à 7, et que pourtant ceux qui ont besoin de faire des remises seraient à son égard dans la même absence de liberté qu'un prisonnier européen en face d'un indien? Qu'ils n'auraient qu'à courber la tête et à se laisser scalper ?

Mais la Banque est civilisée autant que bienveillante : si elle use de ses droits, jamais elle n'eût la pensée d'en abuser.

Pendant dix ans, — et ce fait est un grand honneur pour elle, ce fait vaut à lui seul le meilleur plaidoyer,— quoique armée d'un pouvoir discrétionnaire, pour ainsi dire, et maîtresse de la place par le monopole, elle ne cessa de respecter le taux de l'escompte, d'abord fixé à 6 0⏐0; c'était comme une arche sainte à laquelle elle ne voulait pas toucher; et la preuve, c'est le biais qu'elle imagina, pour ne pas surhausser le taux de l'intérêt, quand les charges du contrat passé avec le Comptoir commencèrent à se faire sentir: je veux parler de la commission prélevée sur les bordereaux d'escompte, quelle que fut l'échéance des effets présentés.

Chacun sait que les Banques coloniales paient au Comptoir d'Escompte, sur toutes ses avances, 1 0⏐0 d'intérêt en sus du cours de la Banque de France, plus environ 1 0|0 de commission et autres frais.

Ainsi quand le cours de la Banque de France est à 6 0|0, la nôtre paie 8 0|0 au Comptoir, et quand il est à 8 0|0, elle paie 10 0|0.

Telle fut l'origine de la dernière surhausse établie par notre Banque, et si elle ne l'a pas fait disparaître quand le taux de Paris est redescendu à 6 0|0, cela s'explique par les pertes qu'elle a éprouvées, non point par sa faute, ou celle de l'agriculture et du commerce, car tous ont noblement fait leur devoir, mais par la force des événements.

Lorsqu'un pays habitué à produire par an plus de 60,000 barriques de sucre n'en produit que la moitié, tout en ayant continué à faire les mêmes dépenses que pour obtenir un revenu normal, et même de plus grandes, est il étonnant que de graves embarras surviennent?

Sans doute les Planteurs se sont libérés ; mais comment? Parce que les négociants se sont laissé primer par le privilége de la Banque sur les récoltes, et qu'ils sont restés avec de grosses créances sur leurs livres, c'est-à-dire avec un papier qui peut-être excellent, mais qui n'est pas réalisable, dans un pays où personne n'achète des propriétés rurales au comptant.

Voilà la raison de la gêne de notre commerce, la raison des effets en souffrance du commerce dans le portefeuille de la Banque.

Sans doute c'est un taux bien élevé que l'escompte à 10 0|0. Mais ce taux a été naguère perçu par la Banque de Londres, malgré l'abondance des capitaux en Angleterre, et si la crise anglaise a cessé et a permis de revenir à un taux plus modéré, la nôtre dure encore, et l'intérêt à 10 0|0 doit être maintenu : c'est un malheur, provoqué par un plus grand, et qu'il faut se résigner à subir en attendant des jours meilleurs : la première condition d'une Banque, ou d'une maison de commerce quelconque, c'est de s'assurer des moyens de vivre.

« L'esprit humain est ainsi fait, qu'on éprouve toujours le besoin de s'en prendre à quelqu'un du mal qui nous advient; nous ne nous contentons pas de nous plaindre de causes générales, il nous faut une responsabilité particulière sur qui frapper, et, à toute crise financière qui sévit, on dit que c'est la faute à la Banque.

Il est de bon ton en ce moment de déclamer contre cette maudite Banque, qui nous fait l'argent cher, absolument. hélas! comme le baromètre fait la tempête, et le thermomètre les chaleurs caniculaires.

Or, l'élévation de l'escompte, dans certaines circonstances, est commandée par des raisons de fait non moins que par des raisons de principe. »

Ne dirait-on pas que ces lignes sont tombées de ma plume à propos de notre Banque? Eh bien! elles sont de M. Gustave Cazavan, à propos de la Banque de France, et je les ai extraites du journal du Havre du 9 novembre dernier; elles serviront de finale à ma justification du taux de l'intérêt, que je déplore, mais que je trouve nécessaire dans la situation actuelle.

La question de la prime des traites diffère de celle de l'escompte.

Cependant, si je voulais éviter de la discuter, je pourrais me borner à dire :

Si la Banque ne donne ses traites qu'à ses familiers, qui acceptent son taux sans se plaindre, qu'importe l'élévation de la prime à ceux qui ne reçoivent pas des traites ?

Et si quelqu'un a le droit de se plaindre de la prime, n'est-ce pas un signe que la Banque n'est pas coupable des préférences dont elle est accusée?

Mais je veux bien écarter ce dilemme irréfutable, et discuter le taux adopté par la Banque pour la prime de ses mandats.

En prenant les traites du commerce, la Banque ne se réserve qu'un bénéfice d'1 0|0 ; quand elle tirait à 2 0|0, elle avait payé 1 0|0 ; quand elle tire à 7 0|0, elle a payé 6 0|0.

A une époque où elle était en pleine prospérité, et où la campagne vendait à beaux prix des récoltes abondantes, j'ai été le premier à attaquer, dans l'*Avenir Commercial* de Paris, le taux élevé des primes. Mais je n'hésite pas à convenir que ma critique était plus fondée en apparence qu'en réalité, et que les arguments que j'invoquais, — faveur accordée aux chargeurs, — exemple donné par la Banque de la Martinique,—pouvaient être victorieusement combattus.

1° La prime élevée fait monter le cours de la denrée d'un chiffre égal, et elle profite indirectement à la campagne, qui passe avant tout et avant tous.

2° Aujourd'hui que j'ai étudié sur les lieux les différences qui existent entre les deux colonies sœurs, je n'aurai pas de peine à établir que ce qui a lieu à la Martinique s'explique et n'a pu être imité par la Guadeloupe.

Aujourd'hui presque tous nos sucres sont expédiés pour compte des Planteurs, et les négociants ont consenti à leur tenir compte de la plus grande partie des primes, ce qui n'est d'ailleurs qu'une bien faible compensation des risques à courir, risques qui ont fait perdre de grosses sommes à la campagne.(1)

Donc la prime ne peut non plus être encore réduite, parce qu'elle profite à la campagne, qui a un impérieux besoin d'être soutenue.

D'ailleurs me serait-il permis de poser une question : est-il vrai, ainsi que des gens graves me l'ont affirmé, qu'à l'époque où les traites valaient 15 0\|0, le cours usuel de *certaines* marchandises ait été augmenté de 25 0\|0, et que cette surhausse est toujours été maintenue, comme le décime de guerre, qui dure encore après la conclusion de la paix? Et si cela est, la prime de 7 0\|0, ne laisse-t-elle pas une assez belle marge de nouveaux bénéfices ? 7 0\|0 ôtés de 25 0\|0, ne reste-t-il pas 18 0\|0 ?

On pourrait, ce semble, s'en contenter, si l'affirmation est aussi exacte que le calcul qui en découle.

VII.

Nous voici au 5° grief :

— La Banque de la Martinique fournit ses traites à

---

(1) Chaque fois que des contestations ont été soulevées sur la propriété de la prime des traites provenant des denrées chargées pour compte des Planteurs, c'est à ceux-ci que les tribunaux de la Guadeloupe l'ont sagement attribuée, à moins de conventions contraires.

1 0|0 et rembourse ses billets à présentation; la nôtre
ne fait ni l'un ni l'autre.

On dirait qu'il y a là deux propositions, mais en réalité il n'y a qu'une, car *la prime à 1 0/0 est la résul-
tante forcée du remboursement à vue des billets de la
Banque.*

La prime à 1 0|0 équivaut, à peu de chose près, aux
frais qu'occasionneraient le fret et les assurances des envois d'espèces métalliques, et comme une traite s'expé-
die plus facilement dans une lettre que des piles d'écus
dans un sac ou une caisse, il n'y a que de profonds cal-
culateurs, des esprits fantasques et peu patriotiques qui,
sous prétexte de gagner quelques jours d'intérêt sur
l'usance habituelle des traites, aient recours et poussent
à l'expor- tation du numéraire, si difficile à attirer, si
difficile surtout à retenir aux colonies.

Mais que la Banque de la Martinique elevât sa prime
à 2 0|0, ou même à 1 1|2, et ses guichets seraient as-
siégés par des demandes de remboursement, et ses
caisses seraient taries avant deux mois.

L'argent circulant en ce moment dans le commerce
martiniquais suffit à tous les usages journaliers, et les
demandes de remboursements à la Banque sont rares.
La plus grande partie des espèces sorties de la Banque y
rentre d'ailleurs, comme les fleuves dans l'océan, avec
cette différence, cependant, que rien ne se perd dans la
nature, tandis que le numéraire, sans se perdre absolument, se perd pour la Martinique :

— Par quelques envois à la Guadeloupe,

— Par ce qu'emportent les voyageurs,

— Par les achats à Porto-Rico et aux rives de l'Oré-
noque,

— Par les achats aux américains, avides de notre
monnaie,

— Enfin par les remises anti-coloniales dont j'ai parlé.

Quoique peu sensible, cette disparition constante
contraignit récemment la Banque de la Martinique à res-
treindre ses escomptes et à suspendre ses remboursements, parce que son encaisse métallique n'allait plus
être avec ses billets en circulation dans les rapports
statutaires, et c'est grâce à quelques centaines de mille

francs mises à sa disposition, avec un louable empresse-
ment, par l'administration supérieure, qu'elle pût per-
sévérer dans la voie où elle est entrée depuis plus de
trois ans, au grand profit non seulement du commerce,
mais de toute la population, car la circulation de l'argent, indépendamment d'autres causes permanentes,
réagit très-heureusement à la Martinique sur le prix de
toutes choses.

Qu'il me soit permis d'ajouter — je le tiens de bonne
source, — que ce n'est que par de continuels efforts, des
sacrifices réels, de vrais tours de force, que le Directeur
et son conseil peuvent parvenir à maintenir l'équilibre
voulu entre les billets circulant et l'encaisse métallique.

Dans une récente brochure publiée à St-Pierre, et dans
des articles de journaux qui ont paru à Paris, je me suis
plu à rendre hommage à M. A. St-Michel Rivet, directeur, et à son conseil d'administration, car ce sont eux
qui ont inauguré le remboursement en espèces métalli-
ques et le taux des traites à 1 0|0.

A Dieu ne plaise que je vienne aujourd'hui rabaisser
leur mérite et me démentir moi-même : ce qui était vrai
alors, l'est encore aujourd'hui sans aucune restriction.

Et cependant, il faut le dire bien haut, malgré leur
habileté, leurs efforts, leurs sacrifices, ils n'auraient pu
parvenir à ce résultat, prodigieux dans un pays où l'on
ne bat pas monnaie, sans un concours d'heureuses circonstances qui font toutes défaut à la Guadeloupe.

Enumérons ces circonstances heureuses :

— La station navale n'est pas à la Guadeloupe,— elle
est à la Martinique,—et les marins y jettent annuellement
— une quantité d'or double de tout celui que reçoit
notre trésor;

— Le point d'attache des transatlantiques n'est pas à
la Guadeloupe,— il est à la Martinique,— et par les ou-
vriers de la Compagnie, par tous les voyageurs, *y compris
les nôtres,* le flot monétaire est tous les jours grossi ;

—Le bassin de radoub n'est pas à la Guadeloupe, il est
à la Martinique,—et il lui a valu un million de francs de
subvention de la métropole, million qui est entré dans la
circulation :

— Enfin ce n'est pas à la Guadeloupe, c'est à la

Martinique, que se sont arrêtés *tous* les convois de l'expédition du Mexique, source aussi fréquente qu'abondante de numéraire.

A ces causes permanentes, il convient d'ajouter, pour cette année, un revenu supérieur de 20,000 barriques de sucre, et du tafia en proportion, sur le revenu de la Guadeloupe, qui avait été supérieur l'année précédente à celui de la Martinique, du moins pour le sucre et pour le café.

C'est que le sol montueux et boisé de la Martinique, et je ne sais quels caprices dans la direction des grains de pluie, ont fait moins souffrir la colonie sœur des désastreuses influences atmosphériques dont nous sommes victimes.

Est-ce clair? Intelligible ? Concluant aux yeux de tous? La Martinique a quatre sources plus ou moins abondantes de numéraire,

— La Guadeloupe n'en a pas une seule !

— Voilà le mot de l'énigme.

Est-ce à dire que la Guadeloupe sera privée d'or à jamais?

Que les traites n'y seront jamais à 1 0[0 de prime ?

J'espère prouver que nous pouvons arriver a ce but désirable, avec l'assstance et le concours du Pouvoir central et de l'administration locale.

VII.

L'émission totale des bons dits du trésor était de fr. 1,500,000, dont la contre-valeur existait d'abord dans nos caisses, et se trouve maintenant dans celles de la métropole.

Craignant que leur retrait en bloc n'occasionnât une trop rude secousse à la Banque, et n'achevât de compliquer la question monétaire de la colonie, *parce que rien n'était préparé pour une mesure aussi radicale*, il a été décidé qu'un cinquième des *bons* serait retiré chaque année de la circulation, de manière à ce qu'il n'en existât plus à la fin de 1868.

Si cette décision a été exécutée, il en reste encore 1,200,000 francs environ dans les caisses publiques et particulières, et à la Banque.

Ce retrait partiel évite, il est vrai, une brusque secousse à la Banque, et la recrudescence immédiate de la
crise monétaire ; mais il préparerait la *chûte de la
Banque, et une absence absolue de numéraire*, s'il n'était
pris un ensemble de mesures efficaces pour prévenir ce
double malheur.

J'ai dit la chûte de la Banque ; qu'on juge si j'ai
exagéré.

Les billets de la Banque n'ont que *cours légal*, c'est
à dire qu'on est obligé de les recevoir en paiement,
mais avec la faculté d'en demander le remboursement
en espèces métalliques.

Les bons du trésor ont *cours forcé*, c'est-à-dire que
la Banque a le droit de les faire accepter comme espèces métalliques, et c'est en *bons*, en effet, que les remboursements ont eu lieu jusqu'à présent.

Mais le jour où il n'y aurait *plus* de bons du trésor
pour remplir cet office, et où il n'y aurait *pas encore*
de numéraire pour les remplacer, la Banque, si elle
était sommée de rembourser ses billets, ne serait-elle
pas réduite à se mettre en liquidation ? Cela paraît fort
à craindre, car avec le retrait partiel des bons du trésor,
le numéraire qui les remplace disparaissant aussitôt pour
faire des remises, on arrive inévitablement à l'impasse
fatale.

Ce danger peut-il être conjuré ? Oui ! Mais non pas en
se croisant les bras, ou en poussant des hélas ! En agis-
sant avec intelligence, énergie, promptitude.

— La première mesure à prendre, c'est le retrait inté-
gral, instantané, de tous les bons du trésor, et le versement en espèces métalliques de la contre-valeur dans
les caisses de la Banque, d'abord pour ce qu'elle possède
déjà de *bons*, ensuite pour tout ce qui circule, et que
volontiers sans doute elle se chargerait de faire rentrer
dans des délais déterminés.

— La France débourse annuellement pour le clergé,
la magistrature, l'armée, la marine, et toutes les dépenses à sa charge dans nos services publics, environ
3,200,000 francs, qu'elle fournit en deux fractions
égales, tous les six mois.

Mais au lieu de suivre d'anciennes et excellentes traditions, et d'envoyer la totalité de cette somme en espèces métalliques assorties, elle a trouvé plus simple, plus commode, d'autoriser le trésor colonial à fournir des mandats.

On dirait, de prime abord, que c'est un service rendu au commerce pour ses remises ; mais; en y réfléchissant bien, on ne tarde pas à se convaincre que c'est manger son blé en herbe, éventrer la poule aux œufs d'or ; en un mot, que c'est une ressource momentanée, un expédient, et non une source assurée de remises, une source surtout de numéraire, puisque rien ne vient remplacer les envois qui sont faits de toutes parts, et qu'avec de semblables errements on arrive, fatalement, à dégarnir le pays de tout numéraire.

En même temps que la métropole enverrait la contrevaleur des bons du trésor, il faudrait donc qu'elle envoyât le total des 3.200,000 francs du service d'une année, et que l'administration locale versât une partie importante de cette somme à la Banque en échange de ses billets.

Dès que la Banque n'aurait plus un bon du trésor, mais leur contre-valeur en espèces métalliques,

Dès qu'une partie de ses billets aurait été remplacée aussi par du numéraire,

Elle déclarerait qu'elle fournit ses mandats à 1 0|0, ou rembourse ses billets à volonté.

Pour les raisons que j'ai expliquées en parlant de la Banque de la Martinique, presque personne ne demanderait le remboursement ; et lors même qu'une partie du numéraire sortirait de la colonie, il pourrait être remplacé, tous les mois, par des envois que ferait la métropole, soit environ fr 300,000 par chaque packet, ce qui entretiendrait, ce qui grossirait même le noyau primitif ; car ces sommes, le trésor pourrait les verser à la Banque et payer tout en billets, puisque leur remboursement serait à la volonté des porteurs. Ceux qui voudraient thésauriser, ou faire des remises, demanderaient des espèces ou des traites, à leur gré ; ceux qui n'auraient qu'à pourvoir à leurs dépenses trouveraient de la monnaie chez tous les marchands, parce que la circulation, une circulation abondante, résulterait, nécessairement, de ce flux et reflux entre la métropole et nous.

Les deux mesures que je viens d'indiquer ne coûteraient pas un centime de dépenses nouvelles à la métropole : c'est une simple question de versement anticipé ; elles ne lui coûteraient qu'un peu de complaisance. N'est-ce pas dire qu'elles seront adoptées si elles sont demandées avec insistance ?

Mais, eu égard aux circonstances actuelles, la France nous doit plus que de la complaisance ; elle nous doit une assistance effective.

Des millions ont été votés pour venir au secours de l'agriculture et de l'industrie, et l'Algérie n'a pas été exclue de cette munificence de la Mère-Patrie.

Parce que nous n'avons pas l'honneur d'être un département, ou d'être l'Algérie, n'avons-nous pas quelque droit d'y participer également ?

D'autre part deux millions suffiraient pour la création d'une raffinerie ;

J'ai démontré quels avantages financiers et économiques découleraient de la transformation de nos sucres roux en sucres blancs :

Serait-ce donc un effort au-dessus de la France, — de cette France qui ne peut voir une infortune dans le monde entier, — Crimée, Syrie, Italie, Mexique, — sans qu'elle vole à son secours, — serait-ce au-dessus de la France de consentir, à une colonie comme la Guadeloupe, un *prêt* de deux millions pour une œuvre capitale ?

Car je ne dis pas un *don* ; je dis un *prêt* ; il faudrait seulement se contenter de la garantie de l'usine elle-même, et d'un intérêt un peu moins élevé que celui du Crédit Foncier colonial, — par exemple de celui du Crédit Foncier de France, — et certainement les annuités seraient très-régulièrement payées.

Mais qui donc serait l'emprunteur ? La colonie !

Pourquoi ne saurait-elle faire exploiter une raffinerie ?

Dans un pays qui compte autant de fabricants de sucre distingués, autant de notabilités de tout genre, serait-il donc difficile de trouver un Directeur et un Conseil d'administration offrant toute sécurité ?

Que si l'on repousse l'idée de ce prêt comme impraticable, — bien que, à mes yeux, elle apparaisse aussi simple que facile, et surtout que féconde, — que l'on suive les errements usités en France pour la répartition des sommes mises à la disposition de l'agriculture.

Peu importe le mode, pourvu qu'il soit prompt, abondant, et qu'il aide à se relever des hommes aussi français que ceux du département de la Seine.

Toujours pour faciliter les opérations de la Banque, qui est l'institution essentielle, soit les fr 2,000,000 de la raffinerie, soit le prêt à l'agriculture, tout devrait être versé à la Banque, — en espèces métalliques envoyées de France, — pour être délivré en ses billets à qui de droit.

Si la Guadeloupe eut été ravagée par une grande inondation, semblable à celles qui ont désolé, dans ces dernières années, les contrées baignées par la Loire et le Rhône ;

Si un tremblement de terre eut renversé nos édifices, si un incendie les eut dévorés, comme au 8 février 1843 ;

La France se fut émue comme une mère qui voit souffrir sa fille ;

Un crédit aurait été demandé au Corps Législatif ;

Les journaux auraient retenti de récits lamentables ;

Des souscriptions se seraient ouvertes de toutes parts ; et le Souverain ne pouvant accourir vers nous de sa personne, comme il fit pour les inondés du Rhône, aux applaudissements de la France, Il aurait du moins donné l'exemple d'une noble et généreuse émulation en notre faveur.

Et parce qu'au lieu d'une catastrophe éclatante nous avons éprouvé une lente agonie de deux années, agonie presque autant morale que matérielle, car une ardente sécheresse est à la fois un tourment et un malheur ; en un mot, parce que le mal est moins frappant est-il moins réel ? Parce que la cause est différente, l'effet n'est-il pas le même ?

Au lieu d'être victime d'une commotion Plutonique, la Guadeloupe a été victime d'une insolation caniculaire.

Semblable pour nous à une malfaisante comète, l'astre destiné à revivifier le sol par une action modérée l'a torréfié, et les vents, comme des complices cruels, n'ont cessé de chasser au loin les ondées, avec une incroyable persistance.

Non, en présence surtout d'un vrai désastre, je ne puis croire que la France ne nous accorde rien en compensation de toutes les faveurs accumulées sur la Martinique à notre exclusion absolue.

Ceci n'est point un amer reproche déguisé, l'expression d'un sentiment jaloux.... C'est un loyal appel, franchement formulé, à l'impartialité, à l'équité, de la Métropole commune des deux îles.

Le journaliste n'est souvent que la voix qui crie dans le désert; mais que notre chambre d'agriculture, notre Chambre de commerce, notre Municipalité, notre Délégué, notre Conseil général, et surtout notre Administration supérieure, daignent prendre en considération les vues que je viens d'exposer, s'en emparent, les développent, les appuient avec toute l'autorité qui les renforce, et nul doute que le département n'en obtienne l'adoption par le Gouvernement impérial.

<h2 style="text-align:center">IX.</h2>

Ce que j'ai dit de notre situation monétaire, et des moyens de l'améliorer, n'est nouveau pour aucun esprit de la métropole qui a été appelé à s'occuper de nous.

Voici, par exemple, comment s'exprimait en 1850 M. Chegaray, dans son rapport sur nos Banques :

« A toutes les époques nos colonies ont souffert de l'insuffisance des capitaux, de la rareté du numéraire, et l'intensité de la crise politique et sociale qu'elles traversent aujourd'hui n'a pu qu'accroître l'intensité de ce mal de tous les temps. »

Voilà qui est parfait de vérité, en 1864 comme en 1860. Mais comment expliquer les énonciations que contient le passage suivant, sinon par ce fait que nul ne peut complètement connaître les colonies, que les colons qui les habitent?

« Tout le monde sait, lit-on dans le même rapport, que, par la force des choses, l'exportation du numéraire a son correctif nécessaire : 1° dans les introductions de métaux précieux, perpétuellement faites par la métropole, pour solder la balance de commerce et pour alimenter les services publics ; 2° dans la prime de 1 1;2 à 2 0[0 offerte aux monnaies d'or espagnoles, prime qui retient, dans nos Antilles surtout, une masse importante de doublons, parce qu'ils s'y reçoivent couramment au prix de 86 fr. 40 centimes, tandis qu'ils ne valent ailleurs que 82 ou 84 francs.

Plus loin, enfin, M. Chegaray affirme *que la balance de commerce dûe par la métropole aux colonies est de quinze millions par an.*

J'en demande pardon à l'honorable M. Chegaray ou à son ombre ; mais si deux de ses assertions étaient exactes au moment où il parlait, aucune ne l'est aujourd'hui, et la troisième ne l'était déjà plus alors.

Ainsi que je viens de le dire, la métropole n'alimente plus guère les services publics par des envois de métaux précieux, mais par des traites que la colonie émet ;

— Les doublons ont été chassés des caisses publiques, et, par suite, il n'en existe plus aux Antilles françaises ;

— Enfin la balance de commerce, ou, si l'on aime mieux, le *compte courant* entre la métropole et la Gualoupe, se solde tous les ans par un nouveau débet de la colonie.

Et cet état de choses n'est pas accidentel ; il existait bien avant l'époque du rapport de M. Chegaray, ainsi que l'a établi M. de Chazelles dans son livre précité, que je regrette de ne pas posséder pour en extraire quelques passages.

Après cette digression, si c'en est une, je reviens à la Banque, et à la pensée qu'on lui attribue *d'avoir tout sacrifié à la passion de grossir ses dividendes.*

Si ce reproche était fondé, on trouverait, dans les états successifs des distributions semestrielles, des chiffres redondants.

Eh bien ! rien de semblable ; car voici le dépouillement des dividendes pendant les beaux jours de la Banque, c'est-à-dire pendant la première période décennale, qui n'a donné lieu à aucune perte :

»	1853-54	(pour 2 semestres)	fr	6	80	0[0
»	1854-55	»	»	6	00	»
»	1855-56	»	»	7	00	»
»	1856-57	»	»	7	00	»
»	1857-58	»	»	7	50	»
»	1858-59	»	»	9	00	»
»	1859-60	»	»	7	60	»
»	1860-61	»	»	10	00	»
»	1861-62	»	»	13	00	»
»	1862-63	»	»	10	25	»

Total en dix ans fr. 84 15 c.

Moyenne annuelle fr. 8 41 1[2 %

Certes ce résultat doit paraître bien modeste, — quand on sait que les prêts sur première hypothèque se font à 12 0[0, — et cette année le résultat serait complètement négatif, si le gouvernement n'autorisait la distribution d'un faible dividende, à prélever sur le fonds de réserve.

Ainsi que l'indique son nom, la réserve est destinée à faire face aux éventualités désastreuses, comme la Vieille garde rétablissait l'honneur du drapeau, au jour de trop sanglantes batailles, par un sacrifice héroïque.

Mais elle ne devrait être absorbée qu'après le prélèvement demandé; car s'il est utile à tous, il est indispensable à une foule de petits rentiers dont il constitue toutes les ressources.

Le Bilan arrêté par la Banque au 31 décembre dernier accuse fr. 1,363,920,47 de valeurs en souffrance. Sera-ce tout?

Qui peut prévoir ce qui serait réservé à notre pays sans l'indomptable énergie de ses habitants?...

La réduction de la récolte, en sucre et tafia, aux cours qui se sont maintenus pendant la campagne qui vient de finir, a fait perdre à la colonie au moins *huit millions de francs,* soit la moitié du revenu total de l'année, si la production eut été normale.

N'est-ce pas assez, n'est-ce pas beaucoup trop, pour ébranler la fortune d'un pays aussi peu étendu, pour ébranler l'établissement le plus solide et le plus sagement administré?

XI.

Mais pourquoi, dit-on, sous forme de causerie, — car cela n'est ni bien grave, ni bien réfléchi, — pourquoi la Banque n'a-t-elle pas enrayé, sinon suspendu ses escomptes, en présence de la menace d'une sécheresse désespérée?

Ceux qui parlent ainsi ne peuvent être les actionnaires, qui ont applaudi des deux mains à toutes les opérations de la Banque tant que les vents ont été favorables, c'est-à-dire jusqu'à l'année dernière; car les pertes avec le commerce avaient été moindres encore qu'avec la campagne, et se résumaient ainsi :

Antérieurement à 1862 . . .	fr.	27,970,75.
Dans l'exercice 1862-63 . . .	»	10,970,59.
Dans celui de 1863-64 (30 juin) . .	»	4,906,80.

Au total fr. 42,848,04.

Cela paraît incroyable et cela est pourtant vrai, parce que les endosseurs, tant qu'ils l'ont pu, ont payé pour les souscripteurs, devenus insolvables, ou momentanément engorgés.

Donc les actionnaires doivent se résigner, car ils n'ont jeté aucun cri *de garde à vous* dans le temps de la prospérité, ne pouvant pas, plus que la Banque, prévoir une année si néfaste.

Ne peuvent pas se plaindre non plus, sans doute, des trop grandes facilités de la Banque, ceux dont les effets n'ont pas été admis, car ils ressembleraient au renard trouvant les raisins trop verts.

Seraient-ce, par hasard, ceux qui ont souvent attendu, dans une vive anxiété, les décisions du comité d'Escompte, pour pouvoir faire face à une échéance, qui trouveraient que la Banque a été trop généreuse?

Et si ce ne sont ni les *actionnaires*, ni les *éconduits*, ni les *admis*, qui ont le droit de se plaindre, qui donc a ce droit là?

S'il m'est permis de faire état de mon opinion, il me semble que si M. Daney, qui s'est toute sa vie occupé de questions financières, et qui, depuis douze ans, a dirigé la Banque, non sans quelques succès. jusqu'à ce jour ; non sans avoir dû acquérir des hommes et des choses du pays une expérience exceptionnelle ;

Que si MM. Verteuil, Ad. René. S. Monnerot, J. P. Roubeau, St-Clair Jugla, qui voient passer dans leurs mains, depuis longues années, une notable portion des affaires du pays, qui sont en contact journalier avec tout le commerce des escompteurs, et peuvent l'apprécier aussi bien que quiconque ;

Que si les délégués de l'Administration supérieure, le Trésorier particulier et le Sous-Commissaire de marine, qui n'ont *aucun intérêt* à la Banque, mais qui ont pour mission de la contrôler, de la modérer au besoin, et de l'éclairer ;

Si tous ces hommes spéciaux, qui consacrent plusieurs heures par jour à la Banque, pour statuer sur toutes les affaires qu'elle embrasse, n'ont pas cru pouvoir agir, n'ont pas agi autrement, c'est que, probablement, leurs aristarques n'auraient pas mieux fait eux-mêmes, car la pratique est plus difficile que le blâme.

Qu'en pensent-ils, s'ils veulent bien s'interroger ? Ont-ils un système infaillible dans leur vaste tête? S'ils l'ont, qu'ils le fassent connaître! C'est plus qu'un droit; c'est un devoir.

Mais qu'ils daignent bien réfléchir! Car une Banque en pleine activité ressemble à une locomotive lancée à toute vitesse.

L'arrêter trop brusquement, c'est provoquer un cataclysme inévitable ; et une réduction trop sensible des effets admis à l'escompte aurait tout aumoins aggravé, accéléré la crise.

La Banque a donc agi sagement, forcément si l'on veut, en usant de ménagements envers les présentateurs de billets, comme font les médecins envers les malades qu'ils espèrent sauver ; car en présence d'embarras graves on ne cesse de compter sur une amélioration jusqu'au dernier moment, et rien, en tout cas, ne pouvait faire croire à un déficit qui a dépassé toutes les prévisions humaines.

Mais qui donc est coupable du mal qui s'est abattu

sur la colonie et sur la Banque? Car à tout désastre il faut une cause, il faut un coupable?

Eh bien! oui, il y en a un; un très grand; un aussi visible que le soleil : — c'est le soleil lui-même!

Que la rigueur inusitée de la nature qui s'est appesantie sur nous m'autorise à une nouvelle digression, qui rentre indirectement dans le cadre que j'ai eu en vue quand j'ai entrepris cette esquisse, malgré le titre restreint que je lui ai donné.

En présence du déficit de la dernière récolte, déficit qui jamais ne fut de beaucoup aussi considérable pour la même cause, est-ce que les propriétaires ruraux et l'autorité n'ouvriront pas les yeux? S'occupera-t-on, enfin, mais très-sérieusement, de reboiser une portion des terres, surtout dans nos plaines grillées de l'Est et du Nord?

Rien ne serait si facile dans un pays où dix ans suffisent pour convertir un champ en bois de bout.

La réglementation est une chose odieuse en soi; cependant jadis on était tenu d'avoir un *prorata* de ses terres couvertes d'arbres, et le bien qui résulterait du reboisement mériterait un sacrifice de liberté sur ce point: l'autorité pourrait intervenir pour imposer cette obligation.

On objectera, je le sais, qu'il faut des remèdes prompts, immédiats. Aussi en ai-je proposé; mais on ne doit pas perdre de vue que la somme des biens d'un pays se compose des fractions que se lèguent les générations successives: en travaillant pour eux-mêmes, il faut que les pères travaillent pour leurs enfants.

Je ne passerai pas sous silence quelques nouvelles plantations de cacao, de café, dans les terrains propices à ces précieuses fèves, et la récolte de la dernière a été belle; faible compensation de l'immense déficit du sucre.

Mais à côté de ces cultures, qui ne sont possibles que partiellement, et demandent environ cinq années de dépenses avant de rien rapporter à ceux qui les entreprennent, il faut signaler celle qui a été comme acclamée à la Guadeloupe, car elle est plus facile, toujours moins coûteuse, se récolte en quelques mois, et en ce moment donne un revenu prodigieux : chacun a nommé le coton.

XII.

Abandonner totalement la canne pour ce textile, par l'appât du prix actuel, serait, je pense, une folie. Car le prix du coton baissera, nécessairement, même avant la paix des Etats-Unis, et la réaction sera d'autant plus violente à la paix que la culture aura reçu plus de développements dans toutes les parties du monde, avant l'issue de la lutte fratricide du Nord.

Où prendrait-on des plants pour revenir à la canne, si on était forcé d'y revenir, après avoir tout détruit ? Il faudrait des années et des années !

Et que deviendraient nos magnifiques usines qui ont coûté des millions ?

Conservons donc la canne, dans les terres vraiment propres à cette culture, surtout dans le voisinage des usines.

Mais il existe, dans chaque commune, de belles plantations qui ont cessé d'être exploitées faute de capitaux, et surtout faute de bras.

Je pourrais en citer une, — hélas ! — qui a des constructions importantes, et cent soixante hectares de terre, — qui a produit, il y a quinze ans, 200 barriques de sucre, sans compter du café et du cacao, — et elle ne s'est vendue que *quinze cents francs* à la barre du tribunal, bien qu'elle fut louée *douze cents francs* par an au moment de la vente !

Voilà les plantations à mettre en coton.

Il y a aussi, dans chaque domaine, des pièces de terre aride, rocailleuse, sablonneuse, où l'on se ruine à planter des cannes, et où le coton vient à merveille : il faut utiliser ces terres pour du coton. En un mot, il ne faut pas qu'une culture soit exclusive de l'autre ; elles doivent fleurir côte à côte, simultanément, et c'est ce que paraît avoir compris notre intelligente population agrico'e

D'après les relevés faits dans chaque commune, il existe *quatre mille hectares* de terre déjà couverts de coton.

Si toutes les cultures étaient également belles, en évaluant le produit moyen de l'hectare à 150 kil., et le

prix moyen du kil. à 5 francs, ce serait pour la colonie
un revenu nouveau, indépendant de la canne, de trois
millions de francs.

(4,000 X 150 = 600,000 X 5 = 3,000,000.)

Ces *trois millions* de coton, venant s'ajouter à la récolte de la canne, qui, sans être plantureuse. sera meil-
leure qu'en 1864, aideront la colonie à se relever.

Même en faisant la part de l'inexpérience et du défaut
de soins suffisants, pour quelque cause que ce soit, le
revenu probable du coton ne peut être réduit à moins
de fr. 2,500,000, ou tout au moins fr. 2,000,000, ce
qui est fort beau pour un début, et, soit directement
par la campagne, soit par le commerce, la Banque, il faut
l'espérer, en recevra bien quelques bribes, à valoir sur
ses billets en souffrance.

Les premiers qui ont hardiment entrepris la culture du
coton à côté de celle de la canne, — l'honneur de cette
mention est bien dû à leur féconde initiative, ce sont :

M. Alcide Leger, notaire, comme capitaliste ;

MM. Rousseau Dussauloy, propriétaires, comme
planteurs.

D'autres notaires, avoués, magistrats, médecins, ont
mis au service de la campagne les fonds dont ils ont pu
disposer, et il faut applaudir à cette confraternité de bon
augure.

Oui, ces nobles et louables efforts méritent d'être connus, méritent surtout d'être encouragés par le Pouvoir
central et par l'Administration locale.

Malgré le déficit qui doit en résulter pour le trésor
colonial et les travaux publics, M. le Gouverneur, bien
pénétré de la situation du pays et du désir d'alléger ses
charges, n'a pas hésité à s'associer au vœu de la majorité
du Conseil général et de son digne Président, qui savent
toujours marcher d'accord sur les grandes questions d'intérêt public : L'industrie naissante du coton a été ex-
emptée d'impôt pour cette année.

C'est que, sur notre terre d'hommes libres, *un seul*
membre du Conseil n'oserait avoir l'audace de se poser
en *Denys de Syracuse de tous* ; de vouloir que son opinion, lui fut-elle démontrée cent fois mauvaise, prévalut
quand même, et mit le trouble et le désordre dans le

pays, pour la saticfaction de sa vanité, puérile et ridicule, si elle n'était odieuse et coupable ; nul n'oserait, car il serait immédiatement accablé sous une huée immense, universelle, sans qu'il fut besoin d'un coup d'Etat de l'Autorité pour le briser comme verre.

XIII.

Un dernier mot sur notre Banque et j'ai fini.

Cet établissement est si bien entré dans nos besoins, dans nos habitudes, dans nos mœurs, qu'on pourrait dire sans exagération :

La Banque est à la colonie ce qu'est le grand ressort à une montre.

Oui, si la Banque disparaissait, comme un météore, la vie publique serait un moment suspendue à la Guadeloupe.

Où prendrait-on le salaire des travailleurs ? Où la contre-valeur des marchandises d'importation ? Où le prix de nos denrées ?

Chose incroyable et pourtant vraie : il y a des aveugles et des égoïstes qui rêvent l'anéantissement de la Banque ; les premiers, parce qu'ils aspirent à l'inconnu ; les seconds, parce qu'ils calculent le lucre qu'ils récolteraient dans la misère publique.

Lorsque les Russes et les Prussiens, dans leur astuce, se vantaient d'avoir battu les armées françaises, il y avait quelques Français qui faisaient chanter des *Te Deum !*

Le sentiment qu'inspirent ceux qui vouent la Banque à l'anathème n'a-t-il pas quelque analogie avec celui qu'inspirent les auteurs de ces démonstrations coupables ?

Ah ! soutenons de toutes nos forces, conservons avec soin, avec une sorte de piété filiale, un établissement qui nous est si souvent venu en aide, après lequel sont nés au commerce, avec lequel ont grandi, la plupart de ceux qui le déchirent impitoyablement !

Quels capitalistes viendraient remplacer la Banque ?

Quels errements nouveaux adopteraient-ils ?

Pourraient-ils être moins exigents, moins rigoureux, et seraient-ils entourés du faisceau de garanties matérielles et morales qui l'entourent elle-même ?

Que notre Banque, de son côté, instruite par le malheur, redouble de sagesse !

Qu'en présence du déchaînement dont elle est l'objet elle s'étudie à être agréable au public, chaque fois qu'une saine prudence ne s'y opposera point ; qu'elle cherche tous les moyens de réparer des échecs auxquels elle n'était pas habituée.

Par exemple, pourquoi ne pas imiter la Banque de la Martinique pour l'admission des moindres dépôts d'or et d'argent? C'est là, *j'en suis certain*, une source de sérieux profits, et, en l'absence de tout mont-de-piété, c'est un grand service à rendre à la population peu fortunée.

La faim est inconnue au peuple de nos campagnes : si la situation actuelle se prolongeait, cette triste visiteuse pourrait bien faire son apparition dans le peuple des villes, surtout chez les pauvres honteux.

Faut-il tout dire?... Un prêt minime peut souvent éviter un grand malheur !

Il est donc digne de notre Banque d'entrer dans cette voie, et pour elle et pour le public.

L'initiative complaisante de M. Rivet a aussi fait accorder des mandats sur Paris pour les moindres sommes: — pour solder un compte par net appoint, — pour faire parvenir une remise à un parent ou à un ami, — pour un achat insignifiant, un secours, un abonnement à un journal, et cent autres causes.

On rend service au public, sans nuire aux grands tirages ; et, pour le mince inconvénient de quelques écritures à passer, on opère un bénéfice, on acquiert des amis, deux choses à rechercher.

Les statuts ne fixent d'ailleurs de *minimum* ni pour les dépôts, ni pour les tirages, ni pour les bordereaux d'escompte: c'est un point de règlement purement intérieur. Pourquoi repousser les humbles et les petits dignes d'être accueillis?

XIV.

Banque, agriculture, commerce de la campagne, membres des professions libérales, tous ont fait leur devoir à la Guadeloupe, et, s'i   momentanément vaincus.

c'est comme la grande armée, — par la nature, par la nature seule.

Que la Banque poursuive donc sa marche sans rêver le rêve éternellement vain de vouloir contenter tout le monde.

Pour les administrateurs d'une Banque, aussi bien que pour les gouvernants d'un pays, voir le bien, l'exécuter résolument, sans que rien arrête ou fasse dévier, voilà la seule règle à suivre, pour arriver à des résultats qui commandent l'approbation.

Courage à tous et persévérance, et des jours meilleurs luiront encore !

La France de Napoléon III veut des colonies ; elle en crée à grands frais d'hommes et d'argent dans toutes les mers.

Or, qu'elle le sache bien ! Parmi toutes les colonies passées et présentes, s'il en est *une* qui, l'histoire à la main, puisse se dire l'égale de la Guadeloupe, *aucune* ne l'a dépassée en esprit d'initiative et de dévouement, en courage, en patriotisme ; aucune ne mérite plus d'intérêt, autant d'intérêt, à cause des circonstances présentes ; aucune n'offre plus de ressources; aucune n'est plus belle et plus pleine de vitalité.

Que le Gouvernement de l'Empereur daigne donc lui tendre une main amie : jamais bienfait n'aura eu un caractère plus intelligent, jamais il n'aura porté de meilleurs fruits que ceux qui sont en germe à la Guadeloupe.